*8 Décembre 90 - V*

Vente des Lundi 8 et Mardi 9 Décembre 1890

HOTEL DROUOT, SALLE N° 9

A DEUX HEURES UN QUART

# OBJETS D'ART

ET D'AMEUBLEMENT

## ORIENTAUX ET EUROPÉENS

FAÏENCES PERSANES

BEAUX TAPIS, TENTURES, MEUBLES

*Cuivres gravés, Porcelaines*

ARGENTERIE, BIJOUX, TABLEAUX, LIVRES

VINS

Garnissant une Villa et appartenant à M. X...

EXPOSITION PUBLIQUE

*Le Dimanche 7 Décembre 1890, de 2 h. à 5 h. 1/2*

Commissaire-Priseur : Me Henri LECHAT, rue Baudin, 6

EXPERTS :

| *Pour les Objets d'Art :* | *Pour les Livres :* |
|---|---|
| M. A. BLOCHE | M. MARTIN |
| Rue de Châteaudun, 25 | Boulev. Haussmann, 19 |

IMPRIMERIE MAULDE ET RENOU

A. MAULDE & Cie

IMPRIMEURS DE LA COMPAGNIE DES COMMISSAIRES-PRISEURS

*Rue de Rivoli, 144*

CATALOGUE

# D'OBJETS D'ART DE L'ORIENT

BELLES FAIENCES PERSANES

CUIVRES GRAVÉS ET REPERCÉS

**TAPIS ANCIENS DE MOSQUÉES**

Broderies, Tentures, Portières

MEUBLES SCULPTÉS ET INCRUSTÉS

**MOBILIER ANCIEN ET MODERNE**

**BRONZES EUROPÉENS**

Argenterie, Bijoux, Tableaux anciens, Armes, Porcelaines et Faïences diverses

LIVRES — VINS

**Le tout garnissant une Villa et appartenant à M. X...**

DONT LA VENTE AURA LIEU

HOTEL DROUOT * SALLE N° 9

**Les Lundi 8 et Mardi 9 Décembre 1890**

A DEUX HEURES UN QUART

Par le ministère de **M^e Henri LECHAT**, Commissaire-Priseur
rue Baudin, 6

ASSISTÉ :

| *Pour les Objets d'Art :* | *Pour les Livres :* |
| --- | --- |
| **De M. A. BLOCHE** | **De M. MARTIN** |
| EXPERT PRÈS LA COUR D'APPEL | EXPERT-LIBRAIRE |
| Rue de Châteaudun, 25 | Boulev. Haussmann, 19 |

*Chez lesquels se trouve le présent Catalogue*

EXPOSITION PUBLIQUE

*Le Dimanche 7 Décembre 1890, de 2 h. à 5 h. 1/2*

# CONDITIONS DE LA VENTE

---

Elle sera faite au comptant.

Les Acquéreurs paieront CINQ POUR CENT en sus des enchères, applicables aux frais.

A. MAULDE et Cie, imprimeurs de la Cie des Commissaires-Priseurs,
rue de Rivoli, 144. 300—10597

# DÉSIGNATION

## ANCIENNES FAIENCES PERSANES ET DE BAGDAD

1 — Très beau Panneau carré dit marab, en ancienne faïence persane, composé de plaques de revêtement, formant un dessin architectural en bleu et vert avec réserve en blanc.

2 — Deux très grands Dessus de Table ou rosaces murales composés de plaques de revêtement, représentant au centre deux aigles accouplés formant écussons et tout autour des rayonnements à gerbes de fleurs et de feuillages avec des rinceaux et des entrelacs, dessin superbe et intéressant en polychrome, sur faïence de Bagdad.

2.

3 — Aiguière avec couvercle décoré de gerbes de fleurs, de feuillages et de médaillons à fond truité.

4 — Aiguière avec couvercle décor très délicat à branchages de fleurs en polychrome.

5 — Cruche avec couvercle à décor gerbes de fleurs en polychrome.

6 — Belle Gargoulette avec bassin et support, décor à fleurs et feuillages entrelacés polychrome.

7 — Grande Théière décor à pivoines, tulipes et œillets en polychrome.

8 — Vase avec couvercle décor à médaillons de fleurs, encadrement à guirlandes, en polychrome.

9 — Plaque ronde de revêtement décor à gerbes de palmes en polychrome.

10 — Cinq Plaques de revêtement décor à fleurs polychrome.

11 — Coupe ronde à couvercle, décor à inscriptions et fleurs polychrome.

12 — Plaque carrée de revêtement, décor à fleurs entrelacées polychrome.

12 *bis* — Trois Plats décor à pivoines, tulipes et feuillages polychrome.

13 — Trois Compotiers ronds, décor à fleurs bleu sur blanc.

14 — Plaque rectangulaire en hauteur dessin brûle-parfums et gerbe fleurie en bleu et vert.

15 — Très bel Encadrement formé de plaques de revêtement avec moulures en relief, dessins fleurs et entrelacs, fronton avec médaillon à légendes en bleu et vert (Provient d'une mosquée).

16 — Grand et beau Panneau carré, décor à rosaces encadré d'inscriptions en polychrome.

## CUIVRES GRAVÉS D'ORIENT

17 — Deux très grands et beaux Plats représentant au centre des Assemblées souveraines entourés d'inscriptions, de médaillons à figures et d'ornements. Pièces de dimensions exceptionnelles. Travail de Perse.

18 — Deux grands et beaux Plats ovales offrant au centre des Chasses au lion, entourés de légendes, de médaillons à figures d'animaux. Travail de Perse de dimension exceptionnelle.

19 — Deux Plateaux ronds offrant des médaillons à figures et des bandes à inscriptions. Travail persan.

20 — Plateau rond, bords à godrons, décor à rosaces et inscriptions. Travail persan.

21 — Plateau rond offrant au centre des animaux et des arabesques encadrés de bandes à légendes et figures. Travail persan.

22 — Deux Plateaux ronds décorés de rosaces et d'inscriptions.

23 — Trois petits Plateaux avec ornements en relief, dessin à rosaces.

24-34 — Onze Plateaux de différentes dimensions en cuivre gravé, dessins variés. Travail persan. (Sera divisé.)

35 — Six petites Sébilles gravées.

36 — Masque formant chauffe-mains ou veilleuse en cuivre repercé et gravé.

37 — Deux Bouteilles en cuivre repoussé et gravé, décor fleurs, oiseaux et inscriptions.

38-39 — Deux jolis Vases en cuivre finement gravé avec couvercles repercés à jour, dessin très délicat à arabesques et figures. Travail ancien de Perse.

40 — Deux beaux Brûle-Parfums à panse mi-sphérique avec couvercle dômé en cuivre repercé et gravé, dessins à figures, arabesques et légendes. Travail très fin ancien de la Perse.

41 — Brûle-encens avec couvercle en cuivre gravé et repercé. Travail ancien de Perse.

42 — Deux Bouteilles en cuivre gravé à fleurs, formes et dessins variés.

43 — Sonnette surmontée d'un accouplement de figures.

44 — Narghile en cuivre émaillé, dessin à figures et ornements. Travail Persan.

45 — Petit Vase en cuivre gravé, dessin à figures et médaillons.

46 — Curieuse Lanterne, forme lenticulaire, gravée et repercée, dessins à rosaces, représentant un cadran persan. Travail ancien.

47 — Très beau Paon, formant brûle-parfums, finement repercé et gravé. Travail ancien de Perse.

48 — Paire de grandes Lampes, formée par des vases cylindriques, finement gravés et repercés. Travail ancien de Perse.

49 — Vase avec couvercle formé d'anses à têtes d'éléphants, en cuivre gravé, ancien.

50-51 — Deux très belles et curieuses Lanternes semblables à celle de la mosquée de Sainte Sophie, dessins à étoiles avec rayonnements repercés et très en reliefs.

52 — Grande Lanterne de mosquée, forme dômée, dessin à ornements tous repercés.

## MOBILIER ORIENTAL

53 — Belle Table pentagonale, dite *Courci*, toute en incrustations d'ivoire et de nacre, piétement architectural, dessus orné de rosaces en reliefs.

54 — Belle Table pentagonale en incrustations de nacre et de burgau, dite *Courci*, piétement architectural, dessus à rosaces, partie en reliefs, bordure à chaînette.

55 — Deux Tables incrustées de nacre et d'écaille forme pentagonale.

56-58 — Six Étagères d'appliques en bois sculpté et doré par partie.

59 — Grand et beau Brasero monumental, pouvant former jardinière, élevé sur quatre pieds posant sur un large support en cuivre poli couvert d'ornements en bronze à rocailles et feuilles d'acanthes, sur piétement en bois sculpté, genre moucharabie.

60 — Deux petits Guéridons incrustés de nacre.

61 — Deux Tabourets-Supports incrustés de nacre.

62 — Petite Table décor polychrome et laquée de Perse.

63 — Grand Divan avec six Coussins garnis et couverts en blanc.

64 — Divan d'angle avec deux coussins garnis et couverts en blanc.

65 — Garniture de salle à manger en moucharabie.

## TAPIS D'ORIENT

66 — Très beau Tapis de prière à fond de velours rouge, dessin architectural en broderie et applications, corbeille de fleurs, gerbe et ornements multicolore sur fond ton écru. Travail ancien.

67 — Beau Tapis de prière, dessin architectural en broderie sur fond de soie moirée rouge, encadré de satin vert avec bordure à inscriptions sur fond de soie noire.

68 — Tapis de prière fond vieux rose, dessin architectural en broderie, vase de fleurs au centre, gerbes et bouquets tout autour, bordé d'une frange.

69 — Tapis de table fond de laine rouge, brodé de trophées, de flèches et de guirlandes de fleurs, bordé d'une frange.

70 — Couvre-Pieds en fil de lin, brodé à fleurs et rosaces. Travail ancien.

71 — Tapis de table fond vert, dessin à arabesques de fleurs polychrome, brodé. Travail ancien.

72 — Tapis de prière fond écru, dessin en brodreie et application bleu et marron. Travail ancien.

73 — Petit Tapis de prière brodé à fleurs et couronne de feuillages en polychrome sur fond de toile écru.

74 — Tapis en satin vieux rose, brodé à fleurs en vermeil. Travail ancien.

75 — Tapis de table en fil de lin, brodé à fleurs et rosaces en polychrome.

76 — Petit Tapis brodé à ornements polychromes sur fond blanc.

77 — Quinze Coussins en velours de Bagdad, dessin en relief polychrome sur fond mordoré.

78-81 — Tapis de table fond blanc avec broderie en relief a inscriptions et ornements jaunes, bordé d'un effilé rouge et vert. Travail ancien.

82 — Décoration de cheminée formé d'une draperie en satin rouge, bordée de soie polychrome.

83 — Trente-six Serviettes en fil de lin ornées de broderie de soie et à paillettes. Travail ancien (Sera divisé).

84-119 — Trente-cinq très beaux Tapis anciens d'Orient, tissus à reflets et velouté de Daghestan, du Kourdestan et de Perse, dessin variés (Seront vendus séparément).

120-135 — Quinze Carpettes anciennes, dessin polychrome.

136 — Peau de Panthère avec tête naturalisée.

137 — Coussin en satin rouge, brodé à feuillages de soie.

138 — Couverture algérienne.

## TENTURES ORIENTALES

139 — Décoration de croisée formée par deux rideaux, avec cordelières et glands de Karamanie.

140 — Deux Portières de Karamanie.

141 — Deux Sacs vide-poches de Karamanie.

142 — Deux Décorations de croisée avec draperie en Karamanie, accompagnées d'embrasses, avec gros glands assortis.

143 — Trois paires de Rideaux de vitrage et trois Stores en guipure, dessins brodés au chenillé et en soie, dans le goût oriental, style XVI° siècle.

144 — Décoration de bois formée de quatre portières et deux draperies de Karamanie, avec embrasses et glands assortis.

145 — Portière à bande polychrome.

146-150 — Dix Portières en Karamanie.

151 — Quatre Rideaux de vitrage, guipure.

## ARGENTERIE ET BIJOUX

152 — Belle Garniture de Table en argent, composée de : un Huilier avec Burettes en cristal taillé, deux Salières doubles et deux Moutardiers. Époque Empire.

153 — Cafetière Louis XV, en argent.

154 — Six Couteaux à dessert, lames argent, et six Couteaux, lames acier, manches en ivoire vert.

155 — Deux Cuillères à moutarde et deux Cuillères à sel.

156 — Deux beaux Flambeaux Louis XIV.

157 — Six Couverts à entremets.

158 — Truelle à poisson ajourée.

159 — Deux Brochettes argent.

160 — Cuiller à poudre.

161 — Pince à sucre.

162 — Passe-Thé en argent.

163 — Rond de Serviette en vermeil.

164 — Tabatière en or, partie émaillée

165 — Chaîne de col en or avec coulant orné de quatre turquoises.

166 — Belle Tasse avec couvercle et soucoupe en ancienne porcelaine de la Chine, famille verte, monture argent.

167 — Garniture Boutons de manchettes et Boutons de chemises or et corail rose.

168-169 — Deux Médailles en argent : Têtes d'Alexandre.

# BRONZES EUROPÉENS

170 — Statuette : *La Vénus de Médicis*, bronze à patine claire.

171 — Deux Groupes : *Les Chevaux de Marly*, bronzes à patine claire.

172 — Paire de Chenets en bronze poli, dessin à draperie Louis XVI.

173 — Deux Plateaux en cuivre.

174 — Suspension en cuivre à douze bougies et une lampe.

175 — Statue : *La Vénus de Milo*, édition de Mahuet.

176 — Belle Pendule avec socle et applique, époque Louis XV, en vernis Martin, fond vert, dessin à fleurs et trophée de musique, richement garnie de bronzes dorés.

177 — Devant de feu en bronze et cuivre, Premier Empire.

178 — Paire de Chenets en bronze doré, avec lions couchés, patine noire. Premier Empire

179 — Deux Cendriers en bronze gravé, à figures et ornements.

180 — Statue : *Vénus accroupie*, bronze à patine claire.

181 — Brasero en cuivre rouge, XIXe siècle. Travail espagnol.

182 — Paire de Flambeaux en bronze ciselé et doré. Premier Empire.

183 — Deux petits Chenets en bronze poli, avec lions couchés. Premier Empire.

184-185 — Quatre Flambeaux Louis XVI, en bronze doré.

186 — Pendule monumentale en marbre blanc et bleu turquin, cadran à draperie et garnie de bronze. Époque Louis XVI.

187 — Deux petits Flambeaux Louis XVI, lumières supportées par deux amours.

188 — Pendule en bronze doré, avec sujet : Épisode de la bataille des Pyramides. Époque du Consulat.

189 — Deux Flambeaux en bronze doré.

190 — Deux Candélabres à quatre lumières, style Empire.

191 — Statue : *Baigneuse*.

192 — Pendule monumentale en marbre.

## PORCELAINES ET FAIENCES DIVERSES

193 — Assiette de Chine, fond vert, capucine à fleurs et rosaces en polychrome.

194 — Coupe en faïence italienne, décor polychrome.

195 — Coupe avec couvercle, en terre noire indienne, dessins et ornements par enlevage.

196 — Pot à crème, même poterie.

197 — Vase en terre rouge, même poterie

198 — Onze Pièces diverses, même poterie.

199 — Deux Boîtes à thé avec couvercles en laque de Pékin, dessus quadrillés et à médaillons, fond rouge.

200 — Paire de Lampes du Japon, décor médaillons à figures, monture bronze poli dans le goût japonais.

201 — Paire de Vases, forme tulipe, en faïence laquée du Japon, fond noir, médaillons à fleurs et oiseaux en rouge et or, sur socle en laque.

202 — Paire de Vases en grès de Chine craquelé, décor à personnages, en bleu sur fond crème.

203 — Service en faïence de Gien, décor bleu sur blanc.

204 — Porcelaines diverses, pour Service de table.

205 — Service en cristal mousseline gravé.

## RUOLZ ET PLAQUÉ

206 — Trente-six Fourchettes, douze Cuillères.

207 — Douze Couverts d'entremets.

208 — Douze Cuillères à café.

209 — Cuillère à sauce.

210 — Cuillère à compote.

211 — Pince à asperges.

212 — Timbale.

213 — Service à salade, en ivoire.

214 — Service à découper.

215 — Trente-six Couverts de table et vingt-quatre à desserts.

216 — Deux Flambeaux Louis XIV, en plaqué.

216 *bis* — Nécessaire de voyage, garniture en métal argenté.

## MOBILIER EUROPÉEN

217 — Ameublement de Salle à manger en noyer et filets noirs, composé de : un Buffet à étagère, une Table ovale à cinq rallonges, douze Chaises et deux Étagères d'encoignures.

218 — Deux petites Étagères d'appliques et d'angles en bois sculpté, style des Moucharabis.

219 — Petite Pendule en marqueterie de bois.

220 — Cave à liqueurs en thuya, bois de rose et palissandre, garniture en verre gravé.

221 — Deux Tables pliantes en noyer et filets noirs.

222 — Quatre Fauteuils en bois noirci, époque Louis XV, recouverts en velours d'Utrecht fond jaune.

223 — Quatre Chaises volantes en bois noir, peinture dorée, recouvertes en satin à bandes de reps blanc et rouge.

224 — Table à jeu en palissandre.

225 — Table à jeu en thuya et marqueterie avec jetons.

226 — Bureau-Vitrine à deux corps en acajou Louis XVI, à filets de cuivre.

227 — Commode Louis XVI en bois de rose, garnie de bronze, à dessus de marbre.

228 — Pendule en bois à colonnes, cadran de Savarmont.

229 — Beau Lit en acajou avec cariatides, bas-reliefs et ornements en bronze, partie dorée. Premier Empire.

230 — Armoire à deux portes, avec trois tiroirs dans le bas, style anglais, en acajou.

231 — Meuble de chambre à coucher en bois laqué blanc et filets rouges Louis XVI, composé de : un Lit capitonné, une Table-Console et un petit Bureau plat à dessus de marbre blanc et à galerie de cuivre et d'une Table de nuit.

232 — Deux Fauteuils crapauds recouverts en cretonne fond rouge.

233 — Fauteuil Louis XVI en bois laqué blanc à filets rouges, recouvert en cretonne fond rouge.

234 — Deux Consoles à coquilles en bois doré.

235 — Cadre Louis XVI, à filet rouge, contenant une peinture et une glace.

236 — Table de nuit, à volets, en acajou.

237 — Méridienne en acajou, fond recouvert en tapisserie fond jaune à fleurs.

238 — Table à ouvrage en acajou.

239 — Deux belles Armoires viennoises, à deux taux, en pitchpin.

240 — Deux Glaces, cadres en acajou.

241 — Beau Bureau à cylindre, en acajou.

242 — Quatre Chaises en acajou, recouvertes en cuir de Cordoue.

243 — Fauteuil Louis XV, foncé de canne.

## OBJETS DIVERS

244 — Deux Plateaux en laque noir à rehauts d'or de Chine.

245 — Deux Cornets en verre de Bohême vert, émaillés blanc, décor or.

246 — Deux Cornets en verre de Bohême rouge, décor or émaillé blanc, avec pieds en bronze.

247 — Coupe en bohême rose avec pied en bronze.

248 — Coussin velours noir brodé.

249 — Panoplie de douze Armes diverses : Épée Moukala, Couteaux, Poignards.

## TABLEAUX, AQUARELLES

250 — **École moderne.** Vue des rives du Nil (quatre tableaux se faisant suite).

251 — **École chinoise.** Scènes d'intérieur encadrées de bambou (deux pendants).

252 — **École italienne.** Scène de festin.

253 — **École italienne.** La Sainte Famille.

254 — **École italienne.** Maisons et ruines.

255 — **École italienne.** Deux scènes tirées du Nouveau Testament.

256 — **Wouvermans** (D'après). Le Bivouac.

257 — **École italienne.** Le Christ au Jardin des Oliviers.

258 — **J.-M.** Rue du Caire (deux aquarelles).

259-261 — **École moderne**. Vues d'Égypte (six aquarelles).

## TENTURES DIVERSES

262 — Fenêtre et Garniture de lit, deux Portières et un Encadrement entouré fond rouge.

263 — Huit Rideaux de fenêtre en laine à fleurs havanes sur fond blanc.

264 — Rideaux de lit et Rideaux de fenêtre en étoffe imprimée à fleurs et ornements sur fond blanc.

## LIVRES

265 — Environ 800 Volumes, ouvrages de droit et de littérature. (Sera divisé.)

266 — Collection du *Journal du Palais*.

267 MEUBLES DE JARDIN

268 — Chambres de domestique.

269 — Ustensiles de cuisine, cuivre et fer battu. Débarras.

270 LITERIE

## CAVE

271 — 41 Bouteilles vin rouge, Château Saint-Géry.

272 — 40 Bouteilles vin rouge, Pichon-Longueville.

273 — 12 Bouteilles vin blanc de Sauterne.

274 — 14 Bouteilles vin de Marsala.

275 — 6 Bouteilles vin de Porto.

276 — 137 Bouteilles vin rouge de Médoc.

277 — 180 Bouteilles vin ordinaire.

NOTA. — *Ces Vins datent de 1883 et ont fait deux fois le voyage d'Égypte.*

278 — Objets non catalogués.

IMPRIMERIE A. MAULDE ET Cie

RUE DE RIVOLI, 144 — PARIS

www.ingramcontent.com/pod-product-compliance
Ingram Content Group UK Ltd.
Pitfield, Milton Keynes, MK11 3LW, UK
UKHW032025260826
14628UKWH00006B/2727

9 782329 490151